Mundo de reptiles

Víboras de la muerte

por Imogen Kingsley

Bullfrog Books

Ideas para padres y maestros

Bullfrog Books permite a los niños practicar la lectura de texto informacional desde el nivel principiante. Repeticiones, palabras conocidas y descripciones en las imágenes ayudan a los lectores principiantes.

Antes de leer
- Hablen acerca de las fotografías. ¿Qué representan para ellos?
- Consulten juntos el glosario de fotografías. Lean las palabras y hablen de ellas.

Durante la lectura
- Hojeen el libro y observen las fotografías. Deje que el niño haga preguntas. Muestre las descripciones en las imágenes.
- Lea el libro al niño, o deje que él o ella lo lea independientemente.

Después de leer
- Anime a que el niño piense más. Pregúntele: Las víboras de la muerte son venenosas. ¿Conoces otro tipo de serpiente que sea venenosa?

Bullfrog Books are published by Jump!
5357 Penn Avenue South
Minneapolis, MN 55419
www.jumplibrary.com

Copyright © 2018 Jump! International copyright reserved in all countries. No part of this book may be reproduced in any form without written permission from the publisher.

Library of Congress Cataloging-in-Publication Data

Names: Kingsley, Imogen, author.
Title: Víboras de la muerte / por Imogen Kingsley.
Other titles: Death adders. Spanish
Description: Minneapolis, MN: Jump!, Inc., [2017]
Series: Mundo de reptiles
Audience: Ages 5-8. | Audience: K to grade 3.
Includes index.
Description based on print version record and CIP data provided by publisher; resource not viewed.
Identifiers: LCCN 2017008828 (print)
LCCN 2017011256 (ebook)
ISBN 9781624966347 (e-book)
ISBN 9781620318126 (hard cover: alk. paper)
Subjects: LCSH: Acanthophis—Juvenile literature.
Elapidae—Juvenile literature. | CYAC: Snakes.
Classification: LCC QL666.O64 (ebook)
LCC QL666.O64 K562718 2017 (print)
DDC 597.96/4—dc23
LC record available at https://lccn.loc.gov/2017008828

Editor: Kirsten Chang
Book Designer: Molly Ballanger
Photo Researcher: Molly Ballanger
Translator: RAM Translations

Photo Credits: Joel Sartore/Getty, cover, 24; fivespots/Shutterstock, 1, 3; Martin Willis/Minden Pictures, 4; Stewart Macdonald, 5; Auscape/Getty, 6–7; TED MEAD/Getty, 7; Michael & Patricia Fogden/SuperStock, 8–9; reptiles4all/Thinkstock, 10; Ken Griffiths/Photoshot, 11, 16–17, 18–19; Morales/SuperStock, 12–13; A.N.T. Photo Library/Photoshot, 14; Shcherbakov Ilya/Shutterstock, 15; Jade ThaiCatwalk/Shutterstock, 16–17; Maik Dobiey, 20–21; Gerry Pearce/Alamy Stock Photo, 22; Joe McDonald/Shutterstock, 23br.

Printed in the United States of America at Corporate Graphics in North Mankato, Minnesota.

Tabla de contenido

Golpe rápido	4
Partes de la víbora de la muerte	22
Glosario con fotografías	23
Índice	24
Para aprender más	24

Golpe rápido

¿Qué hay en las hojas?

¡Es una víbora de la muerte!

Estas serpientes
son difíciles de ver.

Algunas parecen hojas.

Algunas parecen arena.

Se esconden.

Esperan a su presa.

¡Pueden esperar días!

¿Cómo encuentran a sus presas?

Ven.

Olfatean.

Sienten el suelo moverse.

¡Mira!
Allí viene una rata.

La serpiente mueve su cola.
Parece un gusano.

cola

La rata la ve.

Se acerca.

La serpiente ataca.

¡Es muy rápida!

Se demora menos de un segundo.

Muerde.

Le sale veneno de sus colmillos.

La rata muere.

La serpiente está llena.
Es hora de descansar.

Partes de la víbora de la muerte

cabeza
Las víboras de la muerte tienen la cabeza grande y triangular.

cuerpo
Las víboras de la muerte tienen cuerpos cortos y gruesos los cuales se camuflan en la naturaleza.

cola
La cola de una víbora de la muerte puede ser de color negro o de colores. Funciona como un señuelo, moviéndose para atraer a su presa.

colmillos
La víbora de la muerte inyecta veneno con sus colmillos.

Glosario con fotografías

atacar
Golpear.

sentir
Tocar, ver, oír, oler, saborear o ser consciente de algo.

presa
Animales que son cazados para comer.

veneno
Toxina líquida.

Índice

arena 7
atacar 17
cola 14
colmillos 18
esconderse 8
hojas 4, 7
morder 18
olfatear 10
presa 8, 10
rata 12, 15, 18
veneno 18
ver 7, 10, 15

Para aprender más

Aprender más es tan fácil como 1, 2, 3.

1) Visite www.factsurfer.com
2) Escriba "víborasdelamuerte" en la caja de búsqueda.
3) Haga clic en el botón "Surf" para obtener una lista de sitios web.

Con factsurfer.com, más información está a solo un clic de distancia.